मनचाहा

दिल की इच्छा मन की पसंद मनचाहा कविता

सुकन्या मौर्या

क्रम-सूची

1. अकेला मन — 1

2. अपना दुख और सुख — 3

3. अपनी यारी — 5

4. आज का मेहनत — 7

5. इंतजार — 10

6. एक रिश्ता — 12

7. कर्म और फल — 14

8. कामयाबी की किताबें — 16

9. खुद की कामयाबी — 18

10. खुद से प्यार करना — 20

11. खुदा का वसूल — 22

12. गरीबों का पेट — 24

13. जिंदगी का गम — 26

14. तकदीर — 28

15. दहेज प्रथा — 30

16. पिता का प्यार — 33

17. प्रेम का बगिया — 35

18. बारिश की बूंदे — 38

19. बेटियां — 40

20. मन का विचार — 42

21. मां का ममता — 44

22. मेरा बचपन — 47

क्रम-सूची

23. मोहब्बत की गलियां — 50

24. यादें — 52

25. सपनों का मंजिल — 54

26. समाज का इज्जत — 56

27. सुकून की जिंदगी — 59

28. सुबह की किरणे — 61

29. हमारा समय — 63

30. कुछ बातें — 65

31. परिवार — 68

32. मेरा पहचान — 70

33. विद्या का सम्मान — 72

1. अकेला मन

अकेला हूं मैं आज भी

जिसमें मुझे अकेला बनाया

अकेले ने मुझे अकेला कर दिया ।।

जो मुझे अकेला छोड़ दिया

टूट सा गया हो लोगों के बीच में

अकेला बनाया मुझे लोगों ने

अकेला हूं मैं आज भी

जिसने मुझे अकेला बनाया ।।

अकेले ने मुझे अकेला कर दिया

लोगों के बीच में मैं अकेला पाया खुद को

अकेले में बैठकर खुद को मैं पढ़ती हूं

अब लोगों की बात समझ में आती है

अकेला हूं मैं आज भी

जिसने मुझे अकेला बनाया ।।

अकेले ने मुझे अकेला कर दिया

मत पूछो मेरा हाल

जिसने मुझे छोड़ दिया अकेले में

आज मैं खुश हूं अकेला में

अकेला हूं मैं आज भी

जिसने मुझे अकेला बनाया ।।

2. अपना दुख और सुख

अपने दुख को कभी इजहार ना करो

दुखो से तुम कमजोर होना ना तुम

दुख तो आती पर सीखा कर जाती

दुख से जो हिम्मत रखता है ॥

मुझे दुख से जो खुशी मिला

सुख से ना हुआ कोई दुख

अपने दुख को कभी ना इजहार करो

दुखों से तुम कमजोर होना ना तुम ॥

दुख में जो साथ देता भगवान से कम नहीं

लोग की पहचान यहीं पर होती

दुख में साथ दे फरिश्ता से कम नहीं

सुख में जो साथ दे दुख में ना कोई ॥

दुख का आना भी जरूरी है

यहां लोगों का पता चलता

सुख का भी होना जरूरी है

यहां लोगों का पता चलता

अपने दुखों को कभी इजहार ना करो

दुख से तुम कमजोर होना ना तुम ।।

3. अपनी यारी

अपनी यारी कोई यूं ना भूलना

मिठास में दोस्ती बन जाती

रेहता सबका अपनी यारी

जैसे बिछड़े हम सबकी यारी ।।

एक दोस्त ऐसा हुआ करें

जो अपना अपना काहा करे

यह दोस्ती के बिना रहता अधूरा

दोस्तों से अपनी बात रहती ।।

दिल से निभाया रिश्ता

दिलों में यूं छा जाता है

दोस्तों से बिछड़े तो फरिश्ते मुरझा जाते

अपनी यारी फरिश्तों से कम नहीं

रोते फिरते यूं बैठते कंधों पर हाथ आ जाते हैं ।।

कहते तुम मत रो हम तेरे साथ

दोस्तों की बातें सुनकर आंखें भर आती

उन्हें देखकर गले मिल जाया करते

अपनी यारी सबसे प्यारी।।

4. आज का मेहनत

आज का मेहनत कल रंग लाएगा

कर हिम्मत उम्मीद है तेरी ।।

चल उठ कदम उठा चल आगे बढ़

तू हिम्मत रख हौसला ।।

हौसले तेरी है उड़ान अभी बाकी है

कर हिम्मत उम्मीद तेरी है ।।

मैं तो थक के भी उठ गया हूं

हिम्मत रख तू चल सकता है ।।

मेहनत से तू न घबरा

कर हिम्मत उम्मद है तेरी ।।

यूं तो सोचो ना उम्मीद है तेरी

कर फैसला उम्मीद है तेरी ।।

मन का विचार यूं ना टालो

कर हिम्मत उम्मीद है तेरी

कदम कदम पर मिलता हौसला

आगे का रास्ता है कठिन ।।

तू न घबरा आगे तू चल

समय का खेल है उम्मीद बाकी

कर हिम्मत उम्मीद है तेरी

मौसम तो यूं बदलते हैं ।।

कभी बदल तो कभी धूप

हर फैसलो से गिरे हैं हम

समय का खेल है ये

तू न घबरा आगे तो चल

आज का मेहनत कल रंग लाएगा

कर हिम्मत उम्मीद है तेरी ।।

5. इंतजार

इंतजार में यूं बैठे

जैसे की भंवरे मुरझा गए हो

इंतजार तो यूं कर रहे हैं

जैसे बरसो बीत गए हो ।।

मौसम तो यूं बदल रहे

इंतजार में यूं बैठे-बैठे

जैसे बरसों बीत गए है ।।

आंखें तो इंतजार में यूं बैठे

जैसे कि बरसों बीत गए हो ।।

रास्ते में आंखें यूं लगाए बैठे हैं

जैसे की परछाई देख रहे

इंतजार में यूं बैठे बैठे

जैसे कि भंवरे मुरझा गए

डालिया यू सुखी सुखी लग रही

जैसे की बरसो बीत गए हैं ।।

खड़े-खड़े यूं नजरे लगाए बैठे

इंतजार में यूं लगे हैं

जैसे कि बरसों बीत गए

पौधे तो यूं मुरझा गए

इंतजार में यूं बैठे-बैठे ।।

6. एक रिश्ता

मोहब्बत से जुड़ा यह रिश्ता

एक रिश्ता का एक पहचान है ।।

बंधन से जुड़ा यह रिश्ता

रिश्तो में एक बंधन की डोरी

एक दूसरे से मिलकर बनाया रिश्ता

जो दिल से निभाई यह रिश्ता

जो एक रिश्ता का पहचान है ।।

एक मोहब्बत से जुड़ा यह रिश्ता

यह रिश्तो का बंधन है

कुदरत का बनाया रिश्ता

एक दूसरे से बनाया एक रिश्ता है ।।

एक मिठास होता एक रिश्ते में

जो मुसीबत पर रखे ख्याल

एक मोहब्बत से जुड़ा यह रिश्ता

बगीचों में खिलते हैं ये फूल

जैसे होठों की मुस्कान हो

जैसे एक दिल से निभाया हुआ रिश्ता बंधन से जुड़ा
।।

यह रिश्ता सीढ़ी चढ़ने का पहचान

जो एक दूसरे से जुड़ा रहता एक रिश्ता

यह कोयल की मिठास है रिश्ता

उम्मीद की बोझ को कम करता यह रिश्ता

यह रिश्ता उम्मीदों को जगाता

एक मोहब्बत से जुड़ा यह रिश्ता ।।

7. कर्म और फल

कर्म का किया हुआ फल

परिश्रम से लिया हुआ फल ।।

तू कर्म करेगा तो फल पाएगा

मेहनत से लिया हुआ कर्म का फल

मिलता उसी को जो मेहनत किया हो ।।

डूब जाते एक समुद्र की तरह

जीने पहचान ना पाए वह कर्म करते

काम में डूब जाते हैं और अपना कर्म करते

समुद्र के नाव में इस तरह बैठ गए ।।

अपने सपनों को पूरा करने

कर्म के पहिए पर यूं चलते हम

फल तो ऊपर वाले पर छोड़ दिए ।।

मेहनत तो अपना है बाकी तो ऊपर वाले के पास

फल की उम्मीद तो ऊपर वाले करते

चलते फिरते परिश्रम करने के लिए

टूटते सपनों से फिर भी उठकर परिश्रम करते

कर्म हम खुद करते ।।

कर्म का किया हुआ फल

परिश्रम से लिया हुआ फल ।।

8. कामयाबी की किताबें

किताबें तो बहुत कुछ सिखाती

किताबों में लिखा यह शब्द

किताबों की कुछ शब्द रूप

जो हमारे दिल में बस्ती हैं ।।

पल भर में यह किताबें हमारे दिल को छू जाती

यह किताबें हमारे भविष्य को सवार देती

दर्द दुख तकलीफ सारे पैमाने को भर देती किताबें

इतिहास को भी बताती है किताबे

यह एक खालीपन की एक सिहाई है।।

जो किताबों के पन्नों से सिखा जाती

कामयाबी के लक्ष्य पर छू जाती है किताबें

जो हमारे दिल में बस्ती हो

मन नहीं भरता किताबों से

बैठे-बैठे दिल में बस्ती है किताबों का शब्द

जो मुस्कान आ जाती है चेहरे पर

दुख तकलीफ बांट लेती है किताबें

वह बेचैनी वह तकलीफ को बांट लेती

किताबें तो बहुत कुछ सिखाती

किताबों में लिखा यह शब्द ।।

9. खुद की कामयाबी

खुद की कामयाबी को इतना पहचानो

की कोई तुम्हें रोक न पाए ।।

खुद की इशारों पर चलना सीखना

दूसरों से पहचान मत पूछो

अपने आप को खुद पहचानो

एक रास्ते खो जाते तो हजार रास्ते खुल जाते ।।

रास्तों में ठोकर लगेगा पर

खुद की काबिलियत को पहचानो

टूटते दिल और हड्डियां पर विश्वास खुद पर रखना

खुद पर विश्वास करके आगे बढ़ना

यू चिंगारी की तरफ सब की बातें चुभती

पर किसी की बात पर गौर न करना

जो दिल में है वही करना

अपने आप को खुद पहचानो ।।

एक रास्ते खो जाते तो हजार रास्ते खुल जाते

विश्वास की चाहत को को मत खोना

अपने पर विश्वास रखना ।।

लोग तो बातें हजार करते पर

खुद की बातों पर गौर करना

आगे की सीडी होती कठिन

पर खुद पर विश्वास करके आगे बढ़ना

खुद की कामयाबी को इतना पहचानो ।।

की कोई तुम्हें रोक न पाए

खुद की इशारों पर चलना सीखना

दूसरों से पहचान मत पूछना ।।

10. खुद से प्यार करना

हम जैसे वैसे स्वीकार करते हैं अपने को

खुद की कमियों को हम जानते हैं ।।

दूसरे लोग तो सबके कमियां ही निकलते

पर हम खुद की कमियों को पहचानते है ।।

मत ढूंढो लोगों के बीच में ।।

खुद की अहमियत हम जानते हैं

खुद की पलकों की छांव में रखते हैं हम

मत ढूंढो लोगों के बीचों में ।।

हम जैसे वैसे अपने को स्वीकार करते हैं

खुद की कामयाबी को लिखते हैं पन्नों में

मत पूछो मेरी खूबियों को ।।

बागों का वह फूल हूं जो मैं

जिससे मुरझाने से बचा के रखा हुं।।

पंखों का वह उड़ान हूं मैं

जिसे लोगों के बीच में खोया है मैंने ।।

फितरत है मुझे अपने कर्मियों का

मुझे प्यार है अपने कर्मियों का

जिसमें मैंने अपने को पहचाना है

मैंने तो खुद से प्यार किया है ।।

11. खुदा का वसूल

खुदा जो मेरे नसीब में लिखा पन्ना

कागज का वह वसूल

खुदा ने मेरे नसीब में लिखा

कागज का वह वसूल ।।

फितरत है मुझे जीने का

मेरी जिद ही काफी है

खुद को जो मंजूर होगा

खुदा उसको बनाएगा ।।

ईश्वर ने मुझे भेजा है

खुद का लक्ष्य बनाना है

मत लो खुदा मुझे भी

जो तूने मुझे बनाया है

फितरत है मुझे जीने का

मेरा वसूल ही काफी है

बेईमान तो नहीं हूं मैं

मेरी लफ्ज़ जो खुदा की ओर से

खुदा की तरफ से लिखा एक पन्ना है

जो मेरे तकदीर का फैसला

हम तो नहीं जानते क्या है

खुदा का जो भेजा एक इंसान है

फितरत है मुझे जीने का

खुदा की तरफ से लिखा एक पन्ना है ।।

12. गरीबों का पेट

खाली पेट की तरह होती है यह गरीबी

रोज-रोज घर में खाना ना बन पाए ऐसी है गरीबी
।।

सुख में साथ देने वाले गरीबी में साथ नहीं देते

एक कपड़े में जीते ऐसी है गरीबी

एक समय खाना मिल जाए ऐसी है गरीबी

मंदिर और मस्जिद जाने से नहीं

गरीबों का सहायता करके देखो

जो आशीर्वाद मिले गरीबों से फरिश्ता से कम नहीं
।।

खाली पेट की तरह होती है यह गरीबी

जीवन को घुट घुट के मारती है गरीबी

तड़पते हैं बच्चे एक वक्त की रोटी के लिए

गरीबी में साथ देने वाले फरिश्ता से कम नहीं ।।

मत छोड़ो थाली में खाना

बाहर जाकर देखो एक वक्त के लिए रोटी नहीं

सहायता करो उन लोगों की

जिसका पेट भर सके ।।

त्योहारों मे ना होता है इनके पास कपड़ा

ना होता है इनके पास खाना

मंदिरों में फूल माला से नहीं

गरीबों का पेट भरो

जो खुशी आए ऐसा काम करके

खाली पेट की तरह होती है यह गरीबी ।।

13. जिंदगी का गम

जिंदगी में गम यूं है कि हम किसी से बता ना पाए

जिसे जिसे जिंदगी का हिस्सा माना

वही सिखा के चला गया ।।

टूट सा गया हूं जिंदगी मैं रहते रहते

बिखर सा गया है यह जिंदगी

जिंदगी में गम यूं है कि हम किसी से बाता ना पाए

जो होना होगा वह तो होगा ही ।।

जिंदगी का वह वसूल है

जो आज है कल ना हो

समय की कद्र करते हैं हम ।।

जिंदगी में कल मौका मिले या ना मिले

कामयाबी का लक्ष्य चूम जाते

जिंदगी में अकेले हैं फिर भी हार ना मानते ।।

या जीत के जाए या मर के जाएं

जिंदगी वसूलों के आगे बढ़ती जाती

चलो खुशी से वह हाथ मिलाती

जिंदगी में गम यूं है कि हम किसी से बता ना पाए ।।

14. तकदीर

तकदीर में लिखा हुआ तकदीर

तकदीर का यह फैसला

जहां लिखा वह तकदीर में लिखा

कुदरत ने बनाया वह तकदीर ।।

यह फरिश्ता तकदीर का लिखा

जो लिखा हुआ तकदीर में हुआ

ख्वाब से खिले तकदीर है मेरी

आज नहीं तो कल मेरा तकदीर में लिखा

दुखी हो या खुशी लिखा हो

मेरी तकदीर का फैसला ।।

वक्त का यह तकदीर

जो मेरे नसीब में लिखा

समय के अनुसार बना यह तकदीर

तकदीर का यह फैसला

जहां लिखा वह तकदीर में लिखा

कुदरत ने बनाया यह तकदीर

जो होना वह मेरे तकदीर में होगा

तकदीर का यह फैसला

जो मेरे नसीब में लिखा

तकदीर ने लिखा हुआ तकदीर

तकदीर का यह फैसला

जहां लिखा हुआ तकदीर में लिखा ।।

15. दहेज प्रथा

दहेज प्रथा में लोग जान लेते

लड़किया घुट घुट के मरती कोनों में

यह प्रथा लड़कियों की जान लेती

लोग मांग मांग कर शादी करते

उन्हीं के हाथ में अपनी लड़की सौंप देते

जो मांग कर शादी करें ।।

क्या समारे एक लड़की को

जिसकी औकात ना हो खिलाने की

एक लड़की के बाप से पैसा मांगे

दहेज प्रथा में लोग जान लेते

घर के ताने सुन सुन के लड़की को मार डालते

पढे लिखे लोग भी यही काम कर जाते

क्या पढ़ कर आए लोग यहां पर

लड़की के साथ पैसा भी चाहिए

ऐसे ताने सुना जाते

पल भर की कहानी में लड़कियां फस्ती

पता नहीं कहां से यह लोग आते ।।

बंद करें यह दहेज प्रथा

बहुत पढ़े लिखे के लोग समझ ना पाए

रोज कहीं ना कहीं ताने में लड़कियां फस्ती

लोग अपनी सोच को ना बदले

दहेज में रोज लड़कियों को जला देते हैं

जिस घर में मांग हो उस घर में लड़कियां ना दें

आज के लोगों मैं लड़कियों का सामान गिनते

सरकारी जॉब करें प्राइवेट जॉब करें

जिसकी औकात ना हो संभालने की

उससे शादी ना करें

दहेज प्रथा में लोग जान लेते

लड़कियां घुट घुट के मरती कोनों में ।।

16. पिता का प्यार

पिता जन्नत का वह फूल जो चमकता रहता

वह पिता जो मेरे ख्वाबों को पूरा करता

जो हमारे कमियो को पूरा करता

पिता जन्नत का वह फूल है ।।

जिसका प्यार दिखाई नहीं देता

घर का वह चमक है पिता

जिससे रोशनी घर तक आ जाती

पिता घर का वह भगवान है ।।

कभी अभिमान तो कभी स्वाभिमान होता

कभी आसमान तो कभी धरती होता

जन्म दिया मां ने पिता ने तो अपना नाम दिया

पिता ख्वाब का वह चमकता हुआ रोशनी है ।।

पिता हुआ घर का इज्जत होता

जो हर कमियों को पूरा करता

पिता जन्नत का वह फूल जो चमकता रहता ।।

17. प्रेम का बगिया

प्यार प्रेम का ऐसा एहसास है

जिसे ख्वाबों में सजाते

जिसे खुशबू से पहचान लेते

ख्वाब वह तकदीर है

जिसे ख्वाबों में लाते ।।

जुड़े हुए ख्वाब वह तकदीर है

जिसे ख्वाबों में लाते

प्यार प्रेम का ऐसा एहसास है

जिसे ख्वाबों में सजाते

आंखें तो सब बता देती

आंखों में छुपा एक चेहरा

सपनों का वह डोरी है

जिसे ख्वाबों में सजाते

झूम उठे एक प्यार के बंधन में

सोच सोच के यूं बैठे

जैसे की तारे टिमटिमाते

प्यार प्रेम का ऐसा एहसास है

जिसे ख्वाबों में सजाते

चलती फिरते यूं सोचते

जिसके ख्वाब सजाते

ख्वाबों के पलके यूं ना

जैसे कि सपने सजाते

फूलों में वह खुशबू है

जैसे ख्वाबों को सजाते

प्यार प्रेम का ऐसा एहसास है

जिससे ख्वाबों में सजाते ।।

मन का बगिया यू सजाते

जैसे सपनों में खो जाते

पलकों की छांव में यु खो जाते

जिसे ख्वाबों में सजाते

प्यार प्रेम का ऐसा एहसास है

जिसे ख्वाबों में सजाते ।।

18. बारिश की बूंदे

बारिश की बूंदे छत पर आती

टीम टीम करती ये बारिश ।।

मन को खुशी दे यह बारिश

आसमान का रंग हो जाता काला ।।

देखते तो बादल यूं गरज जाता

हम डर के मारे छुप जाते घर में

छोटी सी छोटी बुंदे हमारे घर पर आती ।।

वर्षा आने से हमारे खिलखिलाते चेहरे

बारिश में हम झूम झूम के नाचते

बारिश की बूंदे छत पर आती

पेड़ों की रौनक यू बढ़ जाती ।।

मोर झूम झूम कर खूब नाचती

जैसे हमारी बारिश दिल को छू जाती

बारिश में मेंढक कोक करते ।।

दूर से उनकी आवाज घर तक आती

चुपके चिड़िया रहती अपने घर में

टिम टिम करती ये बारिश ।।

दूर से दिखते काले बादल

बारिश की बूंदे छत पर आती।।

19. बेटियां

घर की छांव सी है बेटियां

आंगन की परछाई है बेटियां ।।

चेहरे की रौनक है बेटियां

थोड़ा सा उदास होने पर रोती है बेटियां ।।

उनके घर आने से होती है खुशियां

परवाह होती है घर का बेटियों को

बेटियां घर को स्वर्ग बना देती

जिस घर में उजाला ऐसी है बेटियां

चंदन की खुशबू होती है बेटियां ।।

घर की चमक बढ़ाती है बेटियां

मत पूछो इस घर की कीमत

कीमत को यह बढ़ा देती है बेटियां

जिसके पास होती है बेटियां ।।

जो संसार का खुशी पता है

गलती होने पर समझाती है बेटीयां ।।

रोने पर हंसाती है बेटीयां

अपना गम छुपा के रहती है बेटियां

पूछते नहीं लोग इनका हाल

अपना गम छुपा के दूसरों को हंसाती बेटियां ।।

अपने घर की जिम्मेदारी को संभालती है बेटियां

घर की छावं सी है बेटियां

आंगन की परछाई है बेटियां ।।

20. मन का विचार

खुद का विचार खुद से रखना

खुद से जो सवाल आए खुद से करना ।।

मन में जो विचार आए

खुद पर यू विचार करना

बागो का जो फूल है

खुद से सजाए रखना

मन का विचार खुद रखना ।।

विचार में जो मन में आए

खुद पर विचार करना

जो दिल से विचार करता

जो मन से आया है विचार

खुद का विचार खुद से रखना

पल भर का जो उम्मीद है

उसको तुम पूरा करना

खुद से जो सवाल आए

उसको तुम पूरा करना

खुद का विचार खुद से करना।।

21. मां का ममता

प्यार की छांव सी मां

जो मन को मां समझ जाती ।।

उठते ही मा की आवाज कान तक आ जाती

हर दिन तप्ती है मां

जो घर को स्वर्ग बना देती ।।

थोड़ी सी चोट लगने पर रो देती मां

दूसरों की तानों को सह जाती मां

वही आंसू चुपचाप पी जाती

किसी से इजहार ना करती मां

प्यार की छांव सी मां

जो मन को मन समझ जाती ।।

सारा दिन करती है कांम

काम का इजहार यू ना करती

सबका देखभाल करती मां

जब डांट पड़े तो

मां छुपा लेती अपने आंचल में

मां का कर्ज छुपाना कोई

मां का ममता ना कोई निभा पाए

मा तो जन्नत का वह फूल है ।।

जो मन को खिलखिला देती

प्यार की छांव सी मां

जो मन को मन समझ जाती

मा तो आखिर मां होती

जो अपने सपनों को त्याग देती

जिसे अपने गोद में छुपा के रखती

भूख लगे तो अपने हाथ से खिलाता मां

प्यार की छांव सी मां

जो मन को मां समझ जाती ।।

• 46 •

22. मेरा बचपन

क्या वह दिन था जब हम छोटे थे

जिसमें हम खो बैठे थे

खुशियों का वह खजाना था

क्या वह दिन था जिसमें हम खो बैठे थे ।।

खेलते खेलते यूं बगीचे में

पेड़ पर यू चढ़ा करते थे क्या ही बचपन था

क्या वह दिन था जब हम छोटे थे ।।

यूं तो छत पर चढ़ा करते थे

पतंग दोस्तों के साथ उड़ाया करते थे

बचपन का वह दिन खजाना था

क्या वह दिन था जब हम छोटे थे ।।

दोस्तों के घर यू जाया करते थे खेलने

जैसे वह यादें हमारे दिल मे बस्ती हो

क्या वह दिन था जब हम छोटे थे

जिसमें हम खो बैठे थे

यू तो झगड़ा लड़ाई करते थे

पर एक दूजे के बिना नहीं रह पाते थे ।।

एक दूसरे को यूं मानाते थे

क्या वह दिन था जब हम छोटे थे

मेरा बचपन यूं बीत गया

जैसे कुछ पता न था ।।

कब वह दिन बीत गए कि जब हम छोटे थे

जिसमें हम खो बैठे थे ।।

यू तो आंगन में खिलखिलाते चेहरे

जैसे बचपन के तोहफे थे ।।

यूं तो त्योहारों पर खुशी का चेहरा

जैसे बचपन के तोहफे थे

क्या वह दिन था जब हम छोटे थे

जिसमें हम खो बैठे थे ।।

23. मोहब्बत की गलियां

मोहब्बत की गलियों सी यह मोहब्बत

मोहब्बत में लोग डूब जाते ।।

मोह लेती है यह मोहब्बत कि गलियां

यू नजरे ढूंढा करती है मोहब्बत की गलियों में ।।

नजरों से नजर मिलती है तो मोहब्बत होता

मोहब्बत की गलियां यू अनजान सी ।

जो गहराई में डूब जाते मोहब्बत की गलियों में

मोहब्बत तन्हाइयों से लिट्टी हुई

अक्सर लोग बर्बाद होते हैं मोहब्बत के गलियों में
।।

पैमाने है इन जहां के लोगों से

मोहब्बत तो ऊपर वाले ने बनाया है

नहीं तो राधा कृष्ण जैसा प्यार कहां

मोहब्बतें इन्हीं लोग से है ।।

राधा कृष्ण के अधूरे प्यार से

मिल जाए जोड़ी मोहब्बत शिव पार्वती की

मोहब्बत तन्हाइयों से लिपटी हुई यह मोहब्बत

मोहब्बत की गलियों से है मोहब्बत

मोहब्बत मैं अक्सर लोगो को मोह लेती

बड़ा अनजान सा है यह मोहब्बत

अक्सर लोग डूब जाते हैं मोहब्बत की गलियों में

मोहब्बत की गलियों सी है मोहब्बत

मोहब्बत में अक्सर डूब जाते ।।

24. यादें

याद है वह पल जो बीत गए

बीत गए वह पल जो याद आते ।।

वह हसीन यादें जो बीत गए

यादगार वो लम्हे है जो बीत गए ।।

वह पल गुजरा हुआ यादें

ये तन्हाई अक्सर याद आता

वे बीते हुए पल अक्सर याद आते ।।

वही हवाएं वही दिन वही शामे

कल की यादें याद आते ।।

खुशियों का यह पल याद आते

दिल में याद आते हैं वह बीत गए समय

जो आज है हमारी तकदीर में है ।।

बीत गए वह पल जो याद आते

तन्हाई अक्सर इस याद में तड़पाती

जो अकेले बैठकर अक्सर पीछे की यादें आती ।।

पल भर की यह जुदाई है

जो समय के साथ बदल जाता ।

यादो का वह खुशबू है जो बार-बार याद आती

कल की यादें याद आते ।।

याद है वह पल जो बीत गए

बीत गए वह पल जो याद आते ।।

25. सपनों का मंजिल

सपनों का वह उड़ान जिसमें खो जाते

सपनों का वह घर जिसमें खो जाते

उस कामयाबी का पहचान है मंजिल

उजाला मिट गया उस मंजिल का ।।

जिसमें कोशिश ना कि गई हो

सपने को पाने के लिए भीड़ में खड़े

उस मंजिल का इंतजार है मुझे

पलकों की छांव की होती है मंजिल ।।

उठते कदम सपनों के मंजिल की तरफ

बागो का वह फूल जो मेरे मंजिल में

सपनों का वह उड़ान जिसमें खो जाते

सपनों का वह डोर है जो मेरे मंजिल में ।।

26. समाज का इज्जत

समाज वह है जिसे इंसान देखकर चुप रहता

समाज वह है जिसे इंसान डर जाता

समाज तो किसी का नहीं

लोग तो टूट जाते हैं समाज को सोचकर

इज्जत ढूंढते हैं लोगों के बीच में ।।

खुद की इज्जत बना ना पाए

टूट जाते हैं अक्सर घर समाज के लिए

अपनी इज्जत बचाने के लिए

उड़ते हैं समाज के बीचो में ।।

जिस दिन बंद हो जाए समाज की इज्जत

उस दिन से घर बन जाए ताजमहल

खुद के आईने में यू नहीं जाते

दूसरों के आईने में यूं झागते

दूसरों के मुंह पर उसकी इज्जत बताते

तीसरी के यहां पर इसकी बदनामी करते

ऐसी समाज में इज्जत ढूंढते

जो खुद की इज्जत ना बचा पाए

लोगों के बीचों में बैठकर जाना

यहां इज्जत किसकी है

बनाना है तो खुद की इज्जत बनाना

दूसरों को बीच में ना लाना ।।

यूं झूठ बोलकर अपनी इज्जत बनाते

परवाह करनी है तो खुद की करो

अक्सर टूट जाते हैं रिश्ते समाज को लेकर

साहिल है पैमाने खुद के

समाज खुद जीने नहीं देते

मत ढूंढो किसी में अपनी खुशी

अक्सर चुप रहते हैं समाज को लेकर

यहां अक्सर झूठ बोलते हैं इज्जत बचाने के लिए ।।

27. सुकून की जिंदगी

सुकून तो उसमें जिससे हम अपनें आप को खोते

सुकून तो जब मिलता जब अपने मुस्कुराते

मिठास की बोली में डूब जाते ।।

सुकून तो तब मिलता है जब अपने कहलाते

जो दूसरों को राह दिखाके जो खुद को खो बैठते ।।

सुकून तो तब होता जब अपने मुस्कुराते

परिवार दोस्त एक चाहत का सुकून

जिसे हम बैठे-बैठे देखकर मुस्कुराते ।।

अंधेरों में जो चाहत चांद को देखकर सुकून आता

जो तारे आसमान में दिखते सुकून में डूब जाते

सुकून की चाहत अपने दिल में रखते ।।

सुकून तो जब मिलता तब हम मुस्कुरांते

वह हंसी वह मुस्कान जो चेहरो पर नजर आता

सुकून के वह चाहत जिसे देखकर मुस्कुरा जाते

ढूंढते फिरते उन्हें खोजने जिससे हमें सुकून मिल जाते

चाहत का जूनून जिसे हम देखकर मुस्कुराते

पेड़ों से गिरा पत्ता सुकून का एक चाहत

सुकून तो उसमें जिससे हम अपने आप को खोते

सुकून तो तब मिलता जब अपने मुस्कुराते।।

28. सुबह की किरणे

सुबह की किरणें यूं जगाती

सूर्य की रोशनी घर पर आती

चिड़ियो की आवाज जब कान तक आती ।।

पूर्व से निकाला यह सूरज

पश्चिम की ओर ढल जाता

सुबह की किरणें यूं जगाती

सूर्य की रोशनी घर पर आती ।।

फूल यू खिलते हैं बगीचों में

जैसे देखकर मन खिल-खिलाते

यू बैठकर आकाश में देखते

जैसे कि बादल झिलमिलाते

आकाश का यह आसमानी रंग

हमारे मन को भा जाता

सुबह के कीरणें यूं जागती

हर सुबह की रोशनी घर तक आती ।।

सूर्य को देखकर करते हम प्रणाम

सुबह से लेकर शाम तक रहता पहरा

धरती पर रहता इनका प्रकाश

सुबह की किरणें यूं जगाती

सूर्य की रोशनी धरती पर आती

तब जाकर पृथ्वी चमकती ।।

29. हमारा समय

समय समय का यह खेल है

समय-समय पर दिखा जाता

जो आज मेरा समय है

शायद कल हो ना हो

जिंदगी में यह समय

छोटे से बड़े तक यह समय हमारा है

बित गया वह समय जब हम बचपन में थे

जो आने वाला समय भविष्य है

समय-समय का यह खेल है

समय समय पर दिखा जाता ।।

हमारे विचार समय पर बदलते

जब हमारा विचार समय बदलता

समय पर चलती यह दुनिया

समय की रेल कहलाती दुनिया

बिन कांटों का है यह समय

समय-समय का यह खेल है

समय समय पर दिखा जाता ।।

दुख से बदल जाता है यह समय

सुख में भी बदल जाता है

नई चिंगारी के रूप में बदल जाता

वक्त और समय पूछ कर नहीं आता

समय-समय का यह खेल है

समय-समय पर दिखा जाता ।।

30. कुछ बातें

कुछ बातें मेरी भी है

कुछ बातें कहीं नहीं जाती ।।

कुछ बातें समझी जाती

समझ समझ के बातों को समझे

समझ के भी समझ जाए मेरी बातों को

कुछ बातें मेरी भी है ।।

कुछ बातें कहीं नहीं जाती

बैठे-बैठे बाते समझ मे आते हैं

समझ के भी बातों को समझ जाते

आंखे बता देती है बाते समझ में आती

समझ समझ के कुछ बातें समझ आती ।।

टूटते हैं रिश्ते कुछ बातों से

कुछ बातें समझी जाती ।।

समझ समझ के बातों को समझे

कुछ बातें मेरी भी है जो बातें कहीं नहीं जाती

मोहब्बत की तरह होती है यह बोली

जो जल्दी समझ में नहीं आती ।।

खूबसूरती होती है कुछ बातों में

जो बातें कहीं नहीं जाती

कुछ बातें मेरी भी है

कुछ बातें कहीं नहीं जाती ।।

कुछ बातें लोगों को छु जाते

जो दिल से निकली बातें दिल को छू जाते

यह बोली एक मोहब्बत की तरह होती ।।

जो सबको समझ में नहीं आती

चाहत है हमें खुद की बोली में

पैगाम सी है यह मोहब्बत की बोली

जो सबको समझ में नहीं आती ।।

कुछ बातें मेरी भी है

कुछ बातें कहीं नहीं जाती ।।

31. परिवार

एक प्यार है परिवार में

बंधन से जुड़ा यह परिवार ।।

जुड़े सदस्य खिलते चेहरे

लड़ते झगड़ते फिर मिल जाते ।।

परिवार में ऐसा होता

एक प्यार है परिवार में ।।

बंधन से जुड़ा यह परिवार

एक पौधे की फूल होते हैं परिवार ।।

जो सुंदर मेहकते हैं

दुख और सुख में रहते परिवार के सदस्य ।।

यहां मिठास होता है परिवार में

त्योहारों पर मिलकर रहते ।।

एक प्यार है परिवार में

बंधन से जुड़ा यह परिवार ।।

एक प्यार है परिवार में

बंधन से जुड़ा यह परिवार ।।

32. मेरा पहचान

जहां लोग हमारे पहचान पूछते ।।

जहां मैं होती हूं वहां पहचान नहीं पूछते

जहां मैं ना होती वहां मेरी ताकत को आजमाते ।।

मेरी पहचान मत पूछो जहां मैं होती हूं

बीत गया वह लम्हा वह तन्हाई ।।

जहां हम रहते हैं वहां मेरी पहचान होती

मेरी पहचान मत पूछो जहां मैं होती हूं ।।

वह बातें वह लम्हे मेरी पहचान जो बीत गए

जन्म से लेकर मृत्यु तक है मेरी पहचान

जहां मेरी बातें चुभती वहां मेरी पहचान है ।।

जहां मेरी यादें होती वहां मेरी पहचान है

बीत गया हुआ लम्हा वह तन्हाई

जहां हम रहते हैं वहां मेरी पहचान होती।।

33. विद्या का सम्मान

विद्या का प्रमाण , विद्या ज्ञान है

विद्या के बिना यहां कोई ज्ञानी नहीं

विद्या वह समझौता जिसका महत्व है ।।

जीवन का सुखमय है विद्या

शांति का प्रतीक है विद्या

विद्या जीवन का सफलता मय है।।

दिखने दिखाने वह पढ़ने लिखने का प्रतीक है

वह ज्ञान शिक्षा का प्रतीक है विद्या

विद्या का प्रमाण ,विद्या का ज्ञान है ।।

जीवन का मौलिक इकाई है विद्या

विद्या सब कुछ सीखाता

विद्या के बिना कोई ज्ञानी नही ।।

सीखना वह सीखाना विद्या का ज्ञान

जीवन का मूल्य उद्देश्य है विद्या

जीवन का सफलता है विद्या ।।

विद्या के बिना ज्ञान कहा

वह ज्ञान शिक्षा का प्रतीक है विद्या

विद्या का प्रमाण ,विद्या का ज्ञान है ।।

जन्म से लेकर मृत्यु तक है विद्या

हर घड़ी सीखाता है यह विद्या

सोने से लेकर जागने तक है विद्या ।।

सोचने और विचारने की क्षमता है विद्या

विद्या के बिना ज्ञान कहां

वह ज्ञान शिक्षा का प्रतीक है विद्या

विद्या का प्रमाण, विद्या का ज्ञान है ।।

www.ingramcontent.com/pod-product-compliance
Lightning Source LLC
Chambersburg PA
CBHW031327130726
47988CB00007B/3024